I.

LA PATRIE EN DANGER.

LA PATRIE
EN DANGER

Au 25 Février 1848

CONSPIRATION DU DRAPEAU ROUGE

PAR

VICTOR BOUTON

PARIS
Chez DENTU Libraire
PALAIS NATIONAL, GALERIE D'ORLÉANS

1850

Paris.—Typ. Beaulé et Maignand, rue Jacques de Brosse, 8.

I.

Les événements de Février trouvent des chroniqueurs à foison. Il y a eu des héros partout, des vainqueurs à tous les carrefours. Les cancans du *National* et de *la Réforme* servent de thème aux plus fabuleux récits, et bientôt les exploits de M. Étienne Arago, le courage de M. de Lamartine ne permettront plus à la Providence, d'ordinaire si féconde en miracles, de s'être un peu mêlée aux affaires de notre pays.

Comme les esprits se remuent à cette heure pour connaître la part réelle que les hommes ont prise à la chute de notre état social, il ne faut pas laisser les premiers venus broder à merveille les sublimes niaiseries de l'insurrection, dans un intérêt de vanité ou de parti. La frivolité les dicte.

Pendant ces heures rapides on vit apparaître, dans le tourbillon qui emporta la Monarchie, de grandes figures : c'est Guizot, c'est Molé, c'est Thiers, c'est Barrot, c'est Bugeaud, c'est Girardin, des hommes d'État, des hommes de guerre ; tous ils ont des cris, des transes, des colères, de sinistres avis : la Monarchie se meurt ! La Monarchie passe avec eux ; ils entourent le char funèbre qu marche à la tombe, — conduit par une main inconnue.

Chroniqueurs, vous qui nous peignez si bien la mine de ceux qui menaient le deuil du 24 Février, souvenez-vous que l'Histoire a oublié de soulever le masque de l'exécuteur de Charles Stuart ; et dites-nous donc un peu quels traits avait le croquemort de la royauté de Juillet ?

II.

Il faut ramener les faits à leur vulgaire simplicité, pour bien juger de leur caractère vrai, pour bien comprendre la nature et la portée de leur danger dans un cas de nouvelle alerte.

On peut parcourir la Révolution de Février en quatre pas. Elle commence sérieusement le 23, au passage Saucède, elle s'avance rue de Cléry, elle se meurt le long du boulevart Saint-Denis jusqu'à la caserne des municipaux ; elle renait le 24 sous le feu de peloton des Capucines : d'un bond elle se précipite, en deux mouvements qui partent, l'un du coin du boulevart Montmartre, l'autre des Petits-Pères, jusques sur la place du Palais Royal.

Il n'y a en dehors de cela que des faits isolés, des charges de cavalerie, des coups de feu tirés à droite et à gauche, quelques hommes frappés par le hasard d'une balle, comme un garçon boulanger au coin de la rue de Rohan, atteint d'un ricochet et tombant à mes pieds. Tout cela s'est trouvé sous la loupe des chercheurs d'historiettes, des marchands de pathos, qui ont livré à l'admiration du monde des banalités sans exemple et nous ont conté sur un mode héroïque les pauvretés d'hommes courant, pendant deux jours, les rues à l'aventure et qu'un hasard nocturne a favorisés.

J'ai vu la Révolution de Février dans sa réalité meurtrière. Je dis que l'émeute armée n'a eu pour véritable terrain que le Troisième Arrondissement : et encore ! quoi qu'en disent les triomphateurs, tous les fusils du lendemain n'étaient pas des fusils de la veille.

III

Je ne m'éloigne pas du cadre tracé par des mains habiles. J'ai, dis-je, enjambé comme d'autres la Révolution, et les quatre points cités plus haut sont irrécusables. Je les explique comme il le convient, froidement.

L'affaire du passage Saucède ou de la rue Grénétat est devenue célèbre par la présence de Caussidière. Pour moi elle a une autre importance ; c'est d'avoir été la véritable origine de l'insurrection. De la rue Grénétat les municipaux remontèrent jusqu'à la place du Caire, où tombèrent plusieurs insurgés.

Les barricades s'élevèrent. — A l'angle formé par les rues de Cléry et du Petit-Carreau, on avait abattu une voiture de vidange et un fiacre dont le store fut arboré en signe de drapeau : ce fut là la première apparition du *drapeau rouge*. Personne ne le vit avec frayeur ; il avait son ridicule. Mais il servit d'exemple, et la fantaisie vint aux insurgés de ce véritable quartier de l'émeute de hisser les stores rouges au-dessus des voitures qu'ils renversaient. Le second emblème parut sur le boulevart Bonne Nouvelle, à l'angle de la rue Poissonnière, non loin du poste.

Le rappel battit. L'émeute gronda. La bourgeoisie du quartier venait de recevoir les journaux du matin, racontant bénévolement la reculade de Barrot.

Elle fut vexée la bourgeoisie ; et, prenant cette renonciation des crétins du *Siècle* pour un échec patriotique, elle descendit dans la rue, voulut faire reculer la Royauté, s'interposer et faire cesser le combat en demandant elle-même la Réforme.

C'est du faubourg Saint-Denis que l'élan partit. Ce quartier était sillonné depuis quelques heures par des groupes des sociétés secrètes auxquelles les gens de *la Réforme* (1) avaient donné rendez-vous dès la veille. Soudain Lamieussens et Maillard rassemblent leurs voisins : David, limonadier, rue du Faubourg Saint-Denis, 55; Hibback, traiteur, rue de l'Échiquier, 27; La Barre, tailleur, rue du Faubourg Saint-Denis, 105; Mercier, doreur, rue de l'Echiquier, 10; Didier, rue du Faubourg-Saint-Denis, 55; Michel, tapissier, 11, rue de l'Echiquier, endossent leur uniforme et prennent la résolution de crier : Vive la Réforme ! en présence des troupes, quoi qu'il pût advenir.

Ils courent aux Menus-Plaisirs, rendez-vous de la 3e légion, et, devant le 1er léger, qui descendait de la caserne de la Nouvelle-France, ces six citoyens commencèrent leur protestation et entraînèrent les plus timides.

Il ne faut pas chercher midi à quatorze heures: La faiblesse du pouvoir se distingue jusqu'alors par deux actes dégagés de tout verbiage.

(1) *De la Hodde*, page 55.

Pour couper l'insurrection du 21, il fallait, dès l'abord, saisir les papiers du comité électoral, et mettre la main dessus à M. Pagnerre, et à ceux qui avaient soulevé le peuple et engagé la résistance ;

Il fallait ensuite, le 22, faire *enlever* par la police la réunion signalée par De la Hodde, au Palais Royal et au boulevart Saint-Martin.

J'en demande pardon aux hommes d'État : qu'ils me permettent de leur démontrer ce qu'il est advenu du contraire.

IV.

Des Menus-Plaisirs la colonne de gardes nationaux descendit sur la place des Petits-Pères, qui devint le théâtre de ses exploits. Là, se trouvèrent quelques officiers de la légion, M. Degousée entre autres, au milieu d'une foule résistant à la garde municipale et à l'armée. M. Degousée, moitié dynastique et moitié républicain, se jeta entre les baïonnettes et empêcha le feu.

Les municipaux se refoulèrent vers le boulevart et la légion regagna la porte Saint-Martin. Bientôt l'aspect de Paris change. Un général arrive, annonce un changement de ministère, la concession de réformes ; on chante, on entoure les soldats, on se serre les mains, on pleure, et la troupe se dispose à regagner ses quartiers.

Les seuls municipaux font contraste à cet élan : La foule se retourne vers eux, les menace du geste et des cris. Ils rentrent à leur caserne du faubourg Saint-Martin : on les poursuit de pierres et les derniers sont couverts de boue.

On serre de près leur caserne, on veut en faire l'assaut ; on réclame leurs armes. Un mouvement d'effroi pénètre la foule ; ils paraissent tout-à-coup à leurs fenêtres et semblent prêts à mourir en soldats.

Mais quelque chose de plus cruel devait les atteindre : on veut arracher le drapeau placé au-dessus de leur porte. Quelques gardes nationaux accourent ; ils demandent à parler au chef de bataillon :

« N'engagez pas un conflit, lui dirent-ils, la foule démolirait votre caserne. Le plus sûr moyen d'entraîner loin d'ici les flots de peuple qui vous menacent, c'est de faire le sacrifice de votre drapeau. »

Ce qui se passa dans le cœur de ces vieux soldats, victimes de leur honneur et de leur dévouement, dut passer dans celui de plus d'un témoin de cette scène. Ce qu'il y eut de force d'âme, de prudence, de générosité, mérite au moins d'être mis en parallèle avec le honteux défi, la lâche exigence des héros de l'émeute. Un officier remit aux mains de la populace ce drapeau comme un trophée qu'elle allait promener dans les rues de Paris.

Après la lacheté, l'assassinat.

C'est du faubourg Saint-Martin que partirent les colonnes populaires dont l'une vint s'abattre à dix heures du soir devant l'hôtel des Capucines. La résistance des vieux soldats, des vieux municipaux du faubourg Saint-Martin, avait été longue, les péripéties de la lutte intérieure dans la cour de la caserne avaient été graves; le chef de bataillon, las d'attendre des ordres de la place ou de la préfecture avait cédé vers cinq heures de l'après-midi. La colonne triomphante, après avoir eu l'infamie de traîner dans la boue un drapeau français, avait regagné la porte Saint-

Denis et allait se diriger le long des boulevarts, lorsque deux ou trois hommes des sociétés secrètes accourus du café du Nord, devenu une espèce de rendez-vous, se concertèrent avec la tête de la colonne et la dirigèrent rue Bourbon Villeneuve. Arrivés à la place du Caire, un cri s'éleva :

— « A la Préfecture de police! Il faut délivrer les prisonniers! »

La nuit venait. Les rues s'illuminaient. Tout prenait un air de fête et tout allait rentrer dans l'ordre. Mais on avait compté sans la colonne insurrectionnelle.

Arrivée devant le quai aux Fleurs, elle échangea quelques coups de feu avec des municipaux, mais personne n'ayant été atteint, elle se ravisa. Au lieu de faire le siége de la Préfecture où, lui dit-on, il n'y avait plus de prisonniers, elle marcha tortueusement vers l'Entrepôt, où elle rencontra une autre colonne formée à la Bastille; elle atteignit la Pitié et Sainte-Pélagie vide aussi de prisonniers.

V.

M. Lagrange ne veut pas être le héros du boulevart des Capucines, et, à l'appui de sa protestation, il en a appelé au témoignage de M. Watripon, étudiant et ex-rédacteur du journal des écoles, *la Lanterne du quartier latin*.

Sans vouloir faire retomber sur M. Lagrange la responsabilité du sang qui allait bientôt être versé devant l'Hôtel des Affaires Étrangères; sans vouloir incriminer davantage la conduite de

M. Antonio Watripon, lui-même, je vais mettre sous les yeux du public un récit publié sur la nuit du 23 au 24, par M. Watripon en mars 1848; c'est-à-dire huit à quinze jours après l'événement :

« Aussi cette masse (la colonne insurrectionnelle) fraternisa avec les troupes et se dirigea par le pont d'Austerlitz, vers le quartier Latin, pour aller fraterniser aussi avec les jeunes gens des Écoles. En tête étaient des élèves de l'École polytechnique et des Écoles de droit et de médecine. Arrivée à la hauteur de l'Entrepôt et de la rue des Fossés-Saint-Bernard, auprès de la caserne des municipaux, cette colonne, qui s'avançait sans armes au chant de *la Marseillaise*, fut accueillie par un feu de peloton. La décharge fut meurtrière ; dix à peu près tombèrent, dont trois blessés grièvement furent transportés à l'hospice de la Pitié. Cet acte d'agression sauvage devait se répéter le soir au boulevart des Capucines. On fusillait le peuple à bout portant, par surprise, sans sommation aucune.

» Le citoyen Lagrange vint nous trouver DANS LA NUIT *à l'Avant-garde*, dont le bureau servait de camp, et nous exhorta à une lutte désespérée. Il fut résolu qu'on se procurerait des armes à tout prix, et que les Écoles donneraient en masse. On passa le reste de la nuit à fondre des balles et à fabriquer de la poudre et des cartouches. On comprit qu'il s'agissait, pour la démocratie, de vaincre ou de mourir. »

Devant ce récit je me suis toujours dit :

Puisque la colonne insurrectionelle était à huit heures au faubourg Saint-Marceau et qu'elle était à dix heures au boulevart des Capucines ;

Puisque le massacre du boulevart a eu lieu

avant que le citoyen Lagrange ne vint, avec sa tête ardente et ses cheveux en désordre, exhorter les étudiants à une lutte désespérée, prendre la résolution de faire *donner en masse* les Écoles, les engager à passer le reste de la nuit à fabriquer des balles et des cartouches, et prononcer ces paroles, redites tant de fois « il s'agit pour la démocratie de vaincre ou de mourir » ;

Que faut-il croire :

Ou de ce récit fait sous l'impression des événements par le journal signé de M. Watripon ;

Ou de la déposition faite 15 mois après par le même Watripon, d'après laquelle Lagrange n'a pu être présent au boulevart des Capucines ?

Que Dieu me pardonne, MM. Lagrange et Watripon aussi, il y a une logique inexorable, celle du temps : Elle nous dit que M. Lagrange n'était peut-être pas dans la colonne révolutionnaire qui parcourut le quartier latin de 7 heures à 9 heures du soir, mais qu'il est venu insurger les Ecoles — après le massacre — *où il a bien pu se trouver ;* sa présence sur la rive gauche est postérieure à la catastrophe.

VI.

La colonne entraînant dans son cours ces enfants de Paris qui s'accrochent bras-dessus bras-dessous et suivent, comme des imbéciles, toutes les manifestations, en chantant *la Marseillaise*, la colonne grossie regagna les boulevarts.

Je la quittai, pour aller chez moi manger un morceau de pain. Je n'avais littéralement pas le sou dans ma poche; sans cela, j'eusse continué la route, et j'aurais été un des premiers témoins de la scène dont on n'a pas encore dit le dernier mot.

Quand je retournai au boulevart Saint-Denis, je retrouvai Lamieussens; il allait et venait du *National* au faubourg. Tout à coup, une décharge se fait entendre, et le cri *aux armes* retentit.

Je ne sais ce qui se passa en moi, mais je sentis mon sang refluer vers mon cœur; je pris machinalement la direction de la Madeleine, et j'arrivai encore à temps, pour voir quelques cadavres palpitants encore, et entourés de curieux, cherchant à les ranimer. Je voulus avancer, mais, à peine avais-je fait quelques pas, que le boulevart se trouva désert et dans l'obscurité. Je m'arrêtai devant un tas de chapeaux et de casquettes.... Sans rien demander à personne, je retournai sur mes pas, et je me trouvai je ne sais comment au *National*. C'était encombré. Je cherchai des visages, je ne reconnus personne :

— « Qu'allons-nous faire? Dites-nous quelque chose?

— « Remuez les pavés!

— « Et des armes?

— « Nous n'en avons pas.

— « Et si la Royauté veut se défendre?

— « Faites comme vous voudrez.

— « Vous n'avez rien autre chose à nous conseiller ?

— « Non !

— « Eh bien ! nous mettrons le feu à Paris ! »

Ce singulier dialogue était tenu entre un rédacteur du *National* et un médecin des environs de Paris.

Je m'en allai, morne, abattu. Une figure m'avait frappé. Il me semble encore la voir. Un homme n'avait pas quitté la colonne insurrectionnelle, depuis le faubourg Saint-Denis où je l'avais vu depuis deux jours paraître et disparaître, toujours ardent. Aujourd'hui encore, au milieu de toutes les incertitudes, du fond de tous les récits, sa tête m'apparaît. Il a une figure grise, hâve, de grands traits, une redingote noire, une pose un peu *arsouille*, le geste brutal, le chapeau un peu sur l'oreille; il a au menton de rares poils d'un blond gris; ce n'est pas un homme de presse ou de tribune, c'est un ouvrier, un vieil agent révolutionnaire, un homme des sociétés secrètes

Cet homme produit en moi l'effet d'un rêve affreux. Depuis Février je l'ai cherché, je ne l'ai pas revu, ni dans les clubs, ni dans les manifestations, ni à l'Hôtel de Ville, ni à la Préfecture de police, nulle part je n'ai pu le rencontrer. Je me trouve sous la pression de son souvenir.

J'ai su depuis qui c'était. Et la déposition suspecte de M. Watripon a fini par fixer mon opinion à cet égard.

VII.

Ceci n'est pas l'histoire de Février. J'ai cru devoir éclairer quelques scènes. J'aime, en tout, à bien saisir la vérité, à toucher du doigt, à sonder le fond des choses.

Qu'est-ce que le 24 Février? Pourquoi dire qu'il n'est point la conséquence logique des fautes de la veille. Le coup de feu du 23 a fait explosion et l'on répète à l'envi que sans lui Paris entier ne se serait pas couvert de barricades : Soit.

Mais, si les gardes nationaux de la 3e légion, du faubourg St-Denis, de la porte Montmartre, la place des Victoires jusqu'au quartier Montorgueil; si ces tapageurs patentés n'avaient pas été enhardis par leurs exploits du passage Saucède, de la place des Petits Pères, du boulevart Saint-Denis, du faubourg Saint-Martin aboutissant au massacre des Capucines, ils ne se seraient pas donné rendez-vous le 24 à l'heure de midi dans la rue Montesquieu, et après s'être partagé des lauriers-sauces, ils n'auraient pas engagé le combat du Château d'Eau et chassé Louis-Philippe.

L'insurrection ramenée à sa plus simple expression, on trouve étonnante la chute de la Monarchie. A l'heure qu'il est j'en tombe encore de mon haut, et quand je vois un tas de fainéants transformés en héros, tant de petites gens devenus si orgueilleux d'une surprise, je me demande s'ils ne seraient pas rentrés sous terre, s'ils n'auraient pas trouvé de bons *alibi* pour le cas où l'on aurait fait crier : *Vive la République* dans la rue Saint-Denis, le matin du 24 Février.

Oui, le cri de : *Vive la République!* poussé le 24 au matin dans la rue Richelieu, dans la rue Saint-Honoré et la rue Saint-Denis, aurait fait lever la garde nationale en masse, mais cette fois contre la République et l'on eût enfermé, dans un cercle de fer, le foyer de l'insurrection, dont on serait venu à bout.

Je ne sais quelle terrible fatalité paralysait l'intelligence du pouvoir. Aujourd'hui que les récits pullulent sur le 24, la journée aux aventures, je ne veux fatiguer d'aucun récit. Une seule chose intéresse d'ailleurs. On dit que le maréchal Bugeaud, investi du commandement général des troupes, devait attaquer, dès la pointe du jour, si le désordre ne cessait pas à la nouvelle des concessions faites par le ministère. Eh bien ! il fallait, pour étouffer l'insurrection dans son berceau, pour en couper l'impulsion, cerner le Troisième Arrondissement et mettre le grapin sur les matamores du quartier : on n'aurait pas vu, à la prise du Château d'Eau, les capitaines Lesseré, Jouanne et autres ; et la 3e légion, ou plutôt, pour ne pas faire injure à une population tout entière, une ou deux centaines de gardes nationaux n'auraient point, en quatre heures, jeté bas un gouvernement au nom d'un peuple tout entier.

En parlant de nettoyer, pour ainsi dire, l'arrondissement où s'était concentré le mal, je ne parle d'aucune rigueur, je ne demande rien d'inhumain. Paris, sauvé de l'anarchie, eut tout de même illuminé ses fenêtres et chanté *la Marseillaise*. On eut été heureux de reconnaître un malentendu ; l'on n'aurait pas aujourd'hui à déplorer ce qu'on appelle en toutes lettres *la surprise du 24 Février !*

VIII.

Ainsi, les quatre jours de Février n'ont pour moi rien de merveilleux. Ce n'est point une conspiration, c'est un mouvement inattendu qui a jeté Paris hors de sa voie ; c'est un coup de théâtre et rien de plus. Les docteurs de la politique ont fait de la morale à ce propos, i's ne m'ont jamais eu l'air que de pédagogues, selon la fable de l'*Enfant et le Maître d'École*. Les docteurs du Socialisme se sont drapés aussi dans l s p'is de la Révolution et nous ont dit tour à tour : La Révolution, c'est moi ! Tous les systèmes, toutes les théories, toutes les nuances de théories demandent à la fois de se produire, de se réaliser, et s'écrient : C'est moi qui suis la Révolution ! Situation déplorable, longue suite de tiraillements où la France stupéfaite semble descendre lentement dans la tombe, comme un mort à qui l'on jette, pendant son agonie, des fleurs, des chants de cygne et des hymnes magnifiques!

Tout beau, Messieurs, un peu de calme ! Je vous ai dit que la Révolution était un coup du hasard, que ses proportions n'étaient pas gigantesques, que ses acteurs n'étaient pas des héros. Ce n'est pas moi qui amoncèlerai des rayons éclatants autour de son origine. Je vais vous démontrer comment on aurait pu la jeter bas, le soir du 25 Février.

IX.

J'avais, comme un fou, couru Paris dans tous les sens, jusques bien avant dans la nuit; j'écoutais parfois si le canon du Mont Valérien n'allait pas donner son avis. D'un autre côté, l'Hôtel de Ville était inabordable pour moi ; j'y voyais Garnier Pagès, Marrast et Pagnerre : C'était le règne venu de Nabuchodonosor, et je me sentais destiné à être dévoré par les bêtes. Je me levai le 25 avec tristesse, mais avec une dernière espérance.

L'armée n'avait pas fait sa soumission. Vincennes n'était pas rendu. La duchesse d'Orléans pouvait avoir le courage d'arriver comme un coup de tonnerre à l'Hôtel de Ville, et la République n'était pas proclamée.

J'allai machinalement vers la Grève, dont la place était hérissée de baïonnettes. Une agitation régnait et animait cette masse, et de tous les points partait cette exclamation :

— « On veut proclamer la régence! »

Ce qui faisait supposer cette intention au Gouvernement provisoire, c'était son hésitation à mettre en tête de ses placards, ces mots officiels :

RÉPUBLIQUE FRANÇAISE.

La première proclamation affichée la veille à cinq heures, avait été faite

AU NOM DU PEUPLE SOUVERAIN.

La seconde promettait *un gouvernement républicain;* mais, qu'est-ce à dire? Un gouvernement républicain ressemblait trop à *la meilleure des républiques!*

Raspail, descendu du faubourg Saint-Marceau, avec cette masse armée, qui inondait la place et les quais, se présente à la grille :

— « On ne passe pas !

— « Le peuple passe ! »

Et le peuple se met en devoir d'ébranler la grille à son signal. Arrivé au premier étage, suivi d'une cinquantaine d'hommes déterminés, il pénètre de salle en salle jusqu'à celle des délibérations, et entre seul au milieu du Gouvernement. Ceux qui le connaissaient se lèvent à son aspect, comme à une apparition :

— « Que faites vous ici ? s'écrie-t-il avec un air magnifique. On dit que vous hésitez à proclamer la République et qu'une régence va dominer la Révolution ! Malheur à vous si vous y pensez !

S'adressant à Lamartine :

— « Vous parliez tout-à-l'heure à ce peuple de ses impatiences, et vous lui demandez deux jours encore pour vous décider ?

Au général Bedeau, en grand costume, la poitrine couverte d'étoiles :

— « Pourquoi ces hochets ? Mettez-vous à cette fenêtre, écoutez ces cris, ces clameurs ; voyez ces épées nues, ces fusils. Si vous n'avez pas mis dans une heure : RÉPUBLIQUE FRANÇAISE, en tête de vos proclamations, vous ne sortirez pas vivants d'ici. »

Et Raspail se retira, laissant le Gouvernement provisoire dans la peur. La République fut proclamée une heure après.

X.

Du côté du Palais-Royal, je rencontrai Blanqui entouré d'une foule de patriotes, ses vieux complices de l'insurrection de Mai 1839.

Des critiques amères, des imprécations, des menaces sortaient de toutes les bouches. Le pire des despotismes était aux yeux de tous la domination des hommes du *National*.

— « Dites-moi depuis 24 heures ce qu'ils ont fait! » disait l'un.

— « Profitent-ils dans leur faiblesse des leçons révolutionnaires que l'histoire nous a tracées ? » disait l'autre.

— « Donnent-ils au mouvement un caractère net, une attitude sincère? » répliquait un troisième.

— » Non !

— » Non !

— » Non !

— » Si nous les laissons faire, fit Blanqui, la Révolution avortera ce soir. Nous n'avons pas de temps à perdre. Il faut les sommer de nous donner .un gouvernement républicain sur la plus large base. Il ne suffit pas de changer de mots, il faut changer radicalement les choses. Et la preuve que le Gouvernement veut lancer le pays dans des voies rétrogrades, c'est qu'il n'a pas daigné appeler près de lui aucun des vieux prisonniers, et qu'il ne s'entoure que de corrompus.

» Mes amis, il faut lui demander compte de ses intentions, et, s'il ne marche pas droit, *il faut le briser.* »

« Bon, me dis-je, l'affaire du *National* est faite. »

XI

Il était quatre heures. Le souffle qui devait balayer de l'Hôtel de Ville les hommes du *National* venait de gonfler ma poitrine. Je respirais. Un doux vertige m'animait. Il me semblait qu'un moment suprême allait sonner pour moi.

Tout à coup un messager arrive, messager boiteux, porteur d'étranges nouvelles, c'est Vilcoq. Il vient de l'Hôtel de Ville où les députations se succédaient :

— « A l'instant même, s'écrie-t-il, je viens

d'être témoin d'un acte inouï. Nous avions envahi la Ville avec un flot de peuple. La foule irritée demandait à grands cris la République et les emblèmes républicains qui parlent aux yeux, lorsqu'un imprudent grimpe sur la statue de Henri IV et se dispose à en arracher le drapeau révolutionnaire. Un cri immense sort des poitrines. Plusieurs de nos amis, Dugrosprés, Vitou, Moustache et d'autres se répandent en imprécations contre ce sacrilége. Lamartine paraît, pâle et tremblant. Dans la forêt de baïonnettes qui couvrent la place se dressent mille morts contre lui ; mais soutenu par des hommes du peuple qui tiennent l'Hôtel de Ville je ne sais sous quelle influence, on se tait autour de lui, et j'ai entendu ces mots :

» Le drapeau tricolore est le drapeau de la République et de l'Empire ; le drapeau rouge n'est que le drapeau d'un parti, il n'en faut pas ! gardons le drapeau de nos victoires, dont le prestige est si grand aux yeux du monde. Le drapeau tricolore a fait le tour du monde avec nos libertés et nos gloires, et le drapeau rouge n'a fait que le tour du Champ de Mars, traîné dans le sang du peuple !

» Un coup de feu répondit à ces étranges paroles ; mais Lamartine ne fut pas atteint. Une explosion de cris : *Vive Lamartine !* couvrit la colère de nos amis, et notre drapeau fut arraché, sur le champ, du perron de l'Hôtel-de-Ville. »

— « Si nous laissons ces gredins-là à leur pente rétrograde, je parie que nous retournerons au mont Saint-Michel avant un mois. »

— « Il faut couper court à tout cela, dit Blanqui. Ecrivez :

AU GOUVERNEMENT PROVISOIRE.

« Les combattants républicains ont
» lu avec une douleur profonde la pro-
» clamation du Gouvernement provisoire
» qui rétablit le coq gaulois et le dra-
» peau tricolore.

» Le drapeau tricolore, inauguré par
» Louis XVI, a été illustré par la pre-
» mière République et par l'Empire ; il
» a été déshonoré par Louis-Philippe.

» Nous ne sommes plus d'ailleurs ni

» de l'Empire, ni de la première Répu-
» blique.

» Le Peuple a arboré la couleur Rouge
» sur les barricades de 1848. Qu'on ne
» cherche pas à la flétrir.

» Elle n'est rouge que du sang géné-
» reux versé par le Peuple et la Garde
» nationale.

» Elle flotte étincelante sur Paris,
» elle doit être maintenue.

» *LE PEUPLE VICTORIEUX N'A-*
» *MÈNERA PAS SON PAVILLON.* »

« Citoyens, il faut qu'un de vous se charge de faire imprimer cela ; ça ne coûte pas grand' chose. Maintenant donnons rendez-vous à tous les amis pour ce soir, et nous irons en nombre suffisant connaître par nous-mêmes ce qu'on fait là-bas et y mettre ordre au besoin. »

— « Nous avons retenu, pour ce soir, la salle du Prado. »

— « Eh bien, soit ! au Prado, en armes ! »

XII.

Je ne sais ce qui se passa en mon esprit. Il arrive un moment où l'instinct nous tient lieu de raison. Une sérénité se répandit en moi, et le calme de mon être passa dans mes idées. C'était à la mort que nous nous donnions rendez-vous. C'était le massacre de l'Hôtel de Ville que nous méditions, et, à moins de prendre ceux qui le tenaient pour des poltrons, nous allions faire s'abîmer l'Hôtel de Ville dans le sang.

Je me serrai près de Vilcoq, le messager funèbre; les autres se dispersèrent, et nous restâmes tous deux avec Blanqui. Cinq heures allaient sonner, la nuit gagnait.

Que se passait-il dans l'âme de Blanqui?

Le drapeau rouge n'était qu'un prétexte hardi, qu'une chance d'exalter contre le Gouvernement provisoire la rancune de *la gouape* révolutionnaire.

On avait trouvé le drapeau rouge arboré sur les barricades, on ne l'avait point exhumé du fond des tannières à conspirations et à complots. Il s'était trouvé naturellement entre les mains des combattants des deux derniers jours, planté entre les pavés, et il n'y avait peut-être aucune raison à faire de cela une grosse affaire. Mais l'insulte que lui avait crachée Lamartine était gratuite; et c'était réellement parce qu'il avait été la bannière des insurrections de Paris et de Lyon, plutôt que pour l'histoire du Champ de Mars, que Lamartine l'avait arraché du perron de l'Hôtel de Ville; c'était, en un mot, le fantôme sinistre des républicains, des funèbres héros de l'émeute qu'il repoussait; personne ne s'y méprenait, ni Lamartine, ni Blanqui, ni le Gouvernement provisoire, ni les condamnés politiques.

Rien de plus vain d'ailleurs que cette exclamation :

« Le drapeau rouge est le drapeau du peuple, planté instinctivement sur les barricades ! »

Il n'y avait pas de quoi s'enorgueillir de l'origine : Un coucou de hasard !

Mais si quelques-uns y voyaient un beau thème, je crois que les préoccupations de Blanqui le portaient ailleurs.

— « Il ne faut pas aller comme ça à l'Hôtel de Ville. On ne s'embarque pas sans biscuit. Nous ferions bien de voir Caussidière et Raspail.....

— « C'est inutile pour Raspail, dis-je. Il ne mettra pas de longtemps les pieds à l'Hôtel de Ville. Il y a vu Arago, Marrast et Bedeau ce matin, et il en a assez. Son fils m'a dit qu'il ne voulait plus mettre les pieds nulle part.

— « Voyons Caussidière alors. »

Partis pour la rue de Jérusalem, Blanqui, Vilcoq et moi, nous sommes reçus assez rudement par ceux qui en gardaient l'entrée.

Après avoir décliné nos noms, on nous fit pénétrer près du délégué au département de la police.

Ce que nous cherchions, c'était le défaut de la cuirasse, la plaie secrète du gouvernement provisoire. Caussidière nous le fit connaître :

— « Je ne veux entendre parler de rien, dit-il, tiens, voilà ma démission!

— « Et moi aussi, donne que je signe, s'écria un homme sortant de l'embrasure de la croisée. »

C'était Albert.

— « Votre démission? Y pensez-vous? Eh pourquoi? Dans le moment le plus critique, vous hésitez, vous reculez?

— « Nous n'y pouvons pas tenir. Ça m'embête, je me f... du reste.

— « C'est incroyable. Qu'y a-t-il donc?

— « Tiens, si je ne craignais pas que *l'ennemi* cette nuit pût rentrer dans la place, je m'en irais coucher ce soir chez moi en mettant la clé sous la porte de cette baraque. »

D'autres ont déjà raconté cette scène; j'eus l'occasion d'en être le témoin. Elle avait lieu à l'entresol dans la grande pièce qui sert de bureau au secrétaire général de la Préfecture de police.

Le Gouvernement provisoire était réellement à deux doigts de sa perte. L'Hôtel de Ville était en désarroi ; on s'y tiraillait déjà, Paris n'était point surveillé ; un coup de main pouvait réussir. Et nous allions précipiter dans la lutte Paris révolutionnaire roulant sur lui-même, enveloppant dans son tourbillon ses têtes les plus hautaines, et tombant ventre à terre dans une mare de sang.

— « Fais-moi un plaisir, dit Blanqui à Caussidière : c'est de me donner un laissez-passer. Il ne faut pas qu'une porte se ferme devant moi. Puis, reste ici jusqu'à ce que je t'écrive un mot. Je vais aller à l'Hôtel de Ville arranger ça. »

Au moment où Blanqui faisait sa petite affaire avec Caussidière, je vis, par une porte entre-bâillée, Lucien de la Hodde assis à une table devant des bulletins imprimés. Il venait d'arriver et s'était posté là comme secrétaire-général.

— « Donne-nous donc un laissez-passer à nous deux Vilcoq, lui dis-je, en lui frappant sur l'épaule. »

Il me regarda et eut l'air d'hésiter.

— « Dépêche-toi donc... »

Il écrivit :

Département
de
la Police.

Paris, le 26 février 1848.

Laissez passer le *citoyen Bouton,*

Le Délégué de la République au département de la Police,

L. DE LA HODDE.

Il y mit le timbre : *Préfecture de police, cabinet du préfet,* et nous partîmes.

En descendant le grand escalier nous rencontrons plusieurs combattants armés; un d'eux me fit un singulier effet : c'était Maurisset qui poussait une reconnaissance dans ces lieux; le bruit était venu jusqu'à lui que la Préfecture de police allait devenir la place forte de la Révolution. Quel effet il me produisit ! je ne me sentais plus vivre.

Cet homme habitait le faubourg Saint-Denis et s'était fait chef de barricades : celle de l'entrée du faubourg, celle de la rue d'Enghien, celle de l'Echiquier élevées et tenues sous l'influence de ces hommes, dont je vous ai conté les exploits de la veille et de l'avant-veille obéissaient au commandement militaire de Maurisset, un des habitués du café David. Ainsi, à 6 heures du soir, à l'heure des coups de main, Paris, dégarni de surveillance, pouvait être envahi tout à coup ! un régiment d'infanterie ou de tirailleurs de Vincennes, descendant du camp du Nord, aurait franchi les barricades, de la barrière au boulevart, au pas de course, en cinq minutes. Personne n'était là pour ordonner la résistance, les barricades étaient dégarnies de défenseurs. Un colonel courageux et entreprenant, un de ces hommes de fer qui savent jouer leur vie, un Bugeaud, par exemple, aurait pu se rendre, dis-je, maître de Paris avec un régiment.

Qu'on ne chante point si haut la merveilleuse vigilance du peuple : la Révolution pouvait être vaincue le 25 au soir par une surprise semblable à celle qui l'avait rendue triomphante.

L'étonnement me donnait de l'audace. J'avais un entrain sans pareil.

Nous nous dirigeons vers la Grève; chemin faisant, je me détache de mes deux compagnons et je cours chercher, à quatre pas, — mon fusil et mes cartouches.

Arrivés à la grille de l'Hôtel de Ville :

— « Monte seul, disons-nous à Blanqui; *observe* et nous t'attendrons ici. Moi, je vais faire faction et me familiariser avec les figures et les coutumes de la maison. »

Il n'y avait, dans nos actes, aucune frénésie; dans nos paroles, aucun emportement. Rien ne pouvait faire soupçonner que nous organisions peut-être la mort de la République.

XIII.

Sept heures approchaient. Blanqui en sortant de l'Hôtel de Ville parut ébranlé, et fit tous ses efforts pour nous cacher son émotion.

Nous le serrions de près.

— « Ah! dit-il, quelle position difficile, quelle œuvre surhumaine, que de prudence, que de sang-froid il faut garder! »

J'avais une certaine volupté à me sentir près de lui. Je tenais en effet sous ma main ce *Dieu inconnu*, pressenti, espéré par le monde révolutionnaire!

Que veulent en effet, me disais-je, ces hommes implacables? Les voilà, je suppose, à l'Hôtel de Ville; ils brisent le Gouvernement provisoire, démolissent en trois coups l'administration, la magistrature, l'armée, prennent à revers les autres corps constitués, les culbutent; battent monnaie sans métal, sequestrent les biens des fonctionnaires, tuent la Banque; organisent une armée du peuple, tiennent la province en échec, font jouer le télégraphe pour annoncer que Paris est maître de soi-même, qu'un comité de Salut public pourvoit à tout et que ses décrets sont absolus! Est-ce bien vrai, est-ce possible?

Je me figurais ainsi d'avance, au milieu des cinq cents montagnards du club où nous allions, le fusil sur l'épaule et déterminés.

Je considérais Blanqui dans ce milieu révolutionnaire dont l'ardeur faisait son prestige, et puisant sa force dans la tendance de tous ces hommes qui nous précipitent, à cette heure encore, à une transformation sociale.

Personnification du socialisme révolutionnaire, — et le socialisme révolutionnaire n'est que la vieille querelle philosophique de l'Autorité contre la Liberté,—Blanqui, c'était la dictature, l'unité de pouvoir, le despotisme. Le despotisme allait-il sortir comme un coup de foudre de cette région ardente où nous forgions l'émeute !

Ils l'espéraient, excepté moi, peut-être. Il n'y avait de clair, à mes yeux, dans tout cela qu'une mort certaine, un épouvantable massacre, une mêlée féroce où le Gouvernement provisoire, les prétoriens de l'Hôtel de Ville allaient tomber dans un bain de sang, dans l'étreinte convulsive des socialistes.

Mon sacrifice fut bientôt fait. J'avais un tel pressentiment de la mort avant d'entrer au club, qu'ayant voulu casser une croûte avec Vilcoq, mon vin se répandit : C'était une libation aux dieux infernaux ! Je bus le reste aux mânes des hommes du *National*.

Jamais scènes plus lugubres, jamais attente plus sinistre. Le tourbillon qui avait emporté la monarchie allait-il, par un second coup, balayer la République naissante? Telle était la pensée qui se renouvelait sans cesse dans mon âme.

En effet, ne croyant pas au triomphe des socialistes, voyant le Provisoire voué à la mort, il restait derrière nous Vincennes et le Mont-Valérien, la garde nationale revenue de sa stupeur, Paris, enfin, se réveillant le 26 au matin, pâle, défait, se souvenant à peine de son ivresse et regardant à terre, sur la Grève, la bave de la Révolution expurgée.

Pillot était vraiment retentissant et ébranlait la salle des roulements et des éclats de sa voix.

Quelles figures sinistres! quel assemblage d'hommes qui, pendant vingt-cinq ans, avaient sillonné le règne de Louis-Philippe d'attentats de toutes sortes : chaque parole semblait l'écho d'une vieille menace; les tentatives de Darmès, de Quénisset, des *Humanitaires*, tous les complots des socialistes avaient là des complices pour continuer, en quelque sorte, la tradition. Desamy et Pillot se disputaient la palme des motions violentes et entretenaient à l'envi l'auditoire dans une sorte de *rabbia* révolutionnaire.

Blanqui parut. Il nous avait quittés un moment pour retourner à la Préfecture. Caussidière, avec la ruse profonde dont il ne cessa, depuis, de donner des preuves, ne voulut point prendre part à un complot trop dur à digérer pour lui et au milieu duquel il voyait la chute inévitable de ses compagnons de *la Réforme* à la suite de Lamartine. Il eut, avec Blanqui, une *prise de gueule* animée, et le moderne Catilina avait fini par lui dire :

— « Au lieu de compromettre la révolution par des concessions de principes, *retirez-vous*!

La présence de Blanqui à la Préfecture perdit tout. Avant son arrivée au Prado, la salle peu à peu s'était remplie; le ban et l'arrière-ban n'avaient pas manqué au rendez-vous; je me levai comme pour être un des premiers en marche à un inévitable signal.

XIV.

Nous montons au club. On délibérait. La crosse des fusils retentissait sur les dalles, et la salle était hérissée de baïonnettes se dessinant au-dessus des bonnets rouges. On a dit que, dans cette fameuse séance, je m'étais placé au bureau, près du président, que j'étais coiffé d'un bonnet phrygien, que je prenais des notes, et quoi encore? Niaiseries! Au bureau? Est-ce que j'avais besoin d'opiner. Coiffé d'un bonnet rouge?

Pourquoi me faire remarquer? Prendre des notes? Ce n'était pas la peine.

La physionomie du club était singulière.

Le président Crousse, à la figure pâle, à l'œil voilé, dirigeait les débats avec une lenteur calculée.

Delente, à la haute stature, au geste net, à la parole pleine, colorée, vibrante, dominait ceux qui l'entouraient.

Fomberteaux père, au regard ardent, au visage bourgeonné, à la parole tranchante, au verbe inculte, faisait retentir son arme.

Vilcoq, avec une ironie cruelle sur les lèvres, se tenait dans un coin, appuyé sur sa canne.

Simard se distinguait par son air décidé. Sa figure accentuée, ses bras musculeux, sa parole tombant nette comme du plomb, son fusil à la main, son chef vêtu d'un bonnet rouge, lui donnaient l'air d'un sectionnaire de 93.

Grandménil, les yeux hébétés, la bouche baveuse, y traînait ses gros souliers.

Desamy, au front fuyant, au grand nez, aux lèvres pendantes, aux yeux brillants d'un feu morne, agitait ses bras et poussait à l'insurrection.

Au premier mot de ce petit homme grêle, à la tête grisonnante, aux vêtements usés sur les planches des cachots et conservant dans ses yeux les éclairs d'un feu sombre, un frémissement secret parcourut l'assemblée.

— « Citoyens, dit Blanqui à ce monde allumé, ne mettons pas la République en danger. L'heure n'est pas encore venue d'en appeler au peuple des décrets de l'Hôtel de Ville. Ils ont marché lentement, mais enfin ils ont marché, et ils ont promis satisfaction à nos droits. Si nous affichons cette proclamation, Paris pourrait se lever tout entier et déraciner l'Hôtel de Ville dans sa fureur, et qui sait ce qu'il en adviendrait. Toute réflexion faite, il faut ajourner notre projet. »

Une explosion de cris d'étonnement accueillit cette tortueuse harangue, et je retombai anéanti sur mon siége. Blanqui avait apaisé la tempête qu'il avait soulevée.

Cinq cents hommes armés, tout chauds encore de l'émeute et dans l'enivrement de la proclamation de la République; cinq cents hommes, les plus hardis que renfermât Paris, les plus rompus aux tentatives, ayant joué plus d'une fois déjà leur vie sur les pavés, eussent surpris le Gouvernement provisoire, eussent envahi l'Hôtel de Ville, immolé Lamartine à la voix duquel le drapeau rouge était tombé de la statue de Henri IV, et eussent voulu gouverné Paris, — par la Terreur.

Sous l'empire de quelle crainte Blanqui avait-il, d'un geste de sa main, commandé à ce flot de rentrer dans son lit?

L'un dit qu'en sortant de l'Hôtel de Ville, il se crut encore *possible* en raison des difficultés que le Gouvernement avait à vaincre : Il espéra qu'on l'appellerait aux affaires.

L'autre dit qu'il ne comprit pas le secret de sa force, qu'à ses yeux un Gouvernement improvisé ce soir là par des hommes qui se fussent intitulés les Sections de Paris, et dont il eût été le Dictateur, lui sembla suranné; qu'il ait désiré un mouvement populaire grandiose, un grand concours des masses, et qu'au lieu d'une manifestation il ne vit, en définitive, après plusieurs heures d'attente, — qu'une conspiration étroite, et qu'il aima mieux attendre.

Celui qui a connu le dessous des cartes affirmera que Blanqui n'a peut-être pas autant de force de tête qu'on lui en attribue; — qu'au 17 mars, après avoir lancé 200,000 hommes des clubs à travers les rues, il n'osa pas davantage *déposer* le Gouvernement provisoire que Flotte et Lacambre devaient immoler et qu'ils provoquèrent, en effet, au sein de l'Hôtel de Ville; — qu'au 16 avril, entouré d'une garde prétorienne, il ne sut pas davantage *enlever* le pouvoir; — et qu'au 15 mai, il ne se mit pas résolument à la tête de la manifestation et qu'il resta un des derniers à la Chambre après sa dissolution.

Non, ce petit homme qui joue avec les masses et les lance à l'émeute n'a su jamais, par son courage personnel et l'enjeu de sa vie, tenter jusqu'au bout les hasards des coups de main.

Ce Catilina ne voulut donc pas lancer sa bande insurrectionnelle à l'assaut de Rome. J'avais pourtant bien l'envie de mourir cette nuit du 25 au 26 Février : nous nous serions joliment hachés !

XV.

Vers dix heures nous sommes partis, les trois inséparables. Après avoir erré pendant une heure, nous sommes descendus la rue de La Harpe et vis-à-vis les Thernes :

— « Avez-vous dîné, nous dit Blanqui ?

— « Voilà plusieurs jours que je ne sais plus ce que c'est que dîner. Nous avons, nous deux Vilcoq, ce soir, au bas du Prado, mangé et bu un verre de vin ; c'est tout.

— « Eh bien, je n'ai rien pris depuis midi. »

En fouillant machinalement tous trois au fond de notre gousset, l'un trouva soixante-dix centimes, l'autre vingt et quelques sous; Blanqui regarda dans une bourse tricotée :

— « J'ai à peu près trente sous, dit-il, c'est assez pour demain. »

Il acheta un pain de deux sous chez le boulanger voisin, et nous avons remonté Paris jusqu'au boulevart Poissonnière.

XVI.

Ainsi, la voilà donc cette nuit terrible, cette protestation du drapeau rouge dans sa simplicité, dans sa vérité! On ne peut pas dire que j'aie voulu charger de couleurs ce tableau, que j'aie voulu le semer de broderies de style, pour effrayer les hommes d'État, ces vieilles commères de la politique.

Les motions violentes qui y furent prodiguées eussent trop allongé ce récit. Elles roulaient sur les couleurs du drapeau, sur les pensées rétrogrades (on n'avait pas encore inventé *la réaction*), et sur ce qu'il fallait faire pour donner à l'émeute de Février un cachet vraiment révolutionnaire.

Le sang était la conséquence trop logique de ce qu'on méditait, pour parler de sang. L'application des principes préoccupait davantage les orateurs. La souveraineté du but, comme on l'a dit plus tard, était au fond de toutes les propositions.

Mais qu'on me permette de ramener les esprits à des réalités plus frappantes.

XVII.

Le Gouvernement provisoire, à cette heure, se tiraillait. Sa garde, confiée à des combattants du 24, je veux bien le croire, n'était pas aussi ferrée, aussi alerte, aussi rompue, aussi clairvoyante que ses historiens le prétendent; elle était, du reste, annihilée, devant la tentative, par les quelques *laissez-passer* que nous avions: la preuve en est que j'ai monté, pour ainsi dire, ma garde pendant une heure à la grille de l'Hôtel de Ville, côte à côte avec ceux qui en faisaient le service; en outre, quelques hommes du poste des morts nous appartenaient plutôt qu'au Provisoire : nous tenions la place! Il est probable que ces Messieurs ne se seraient pas laissé faire sans conteste, en voyant qu'on en passait quelques-uns par les armes; et la lutte une fois engagée eut amené une tuerie complète.

En ce moment Vincennes venait de reconnaître le Gouvernement nouveau, mais avec méfiance et sur le qui-vive; le Mont Valérien gardait encore dans ses flancs une velléité de résistance.

Les régiments cantonnés vers la plaine Saint-Denis pouvaient descendre à la sourdine le long du faubourg jusqu'à la Porte, puisque les barricades étaient mollement gardées : et de la Porte jusqu'à l'Hôtel de Ville, le trajet n'eut pas été bien meurtrier, en raison de la panique et de la réaction qu'aurait produites, dans la population commerçante des quartiers environnants, la tentative des sections armées.

La duchesse d'Orléans et le comte de Paris n'étaient pas loin non plus, dit-on; elle s'était confiée à des hommes qui, sans doute, profitant de la leçon des événements, eussent fait la part de la liberté et des réformes.

Il ne manquait à tous ces éléments qu'un lien!

Mais, devant la prostration morale et matérielle de toutes les forces pouvant ramener le calme et arrêter la marche révolutionnaire des événements qui nous ont amené le règne du *National*, le coup de foudre que nous allions diriger sur l'Hôtel de Ville, en anéantissant les éléments les plus révolutionnaires de Paris, eut sauvé le pays d'un long deuil, et, dans cette catastrophe, je ne voyais qu'une chose pour moi : ma haine implacable des hommes du *National* et leur chute à tout jamais.

Soldat obscur d'une cause sans gloire, je n'ai pris le droit de dire ceci que dans le péril que j'ai voulu courir, que j'ai couru avec un flegme imperturbable. Je n'ai reçu, depuis, que des plaies et des bosses. Je me suis accroupi dans ma misère, et je me suis retiré sans regrets comme sans remords.

N'ayant rien reçu de la République, je ne dois rien à la République. Je ris parfois encore en pensant que quatre hommes et un caporal auraient pu la mettre à la porte.

TABLE DES MATIÈRES

I.

II.

III.

IV.

V.

VI.

VII.

www.ingramcontent.com/pod-product-compliance
Ingram Content Group UK Ltd.
Pitfield, Milton Keynes, MK11 3LW, UK
UKHW022136190726
13855UKWH00003B/1167

9 782013 02670